SNOW VEHICLES

Editor de Océano Travesía: Daniel Goldin

REPUGNANTE Y NUTRITIVA

Proyecto editorial:
Adriana Chalela
Daniel Goldin
Alejandro Magallanes
Sandra Sepúlveda

Textos y recetas:
Adriana Chalela

Diseño:
Alejandro Magallanes
Ana Laura Alba

Ilustración:
Alejandro Magallanes

Fotografía:
David Chavolla

Modelos:
Ariel Goldin
Diego Correro Flores
Santiago Correro Flores
Carmen Aranda
Sofía Simpson
María Magallanes Madrid

Ayudantes de cocina:
Ana Laura Alba
Andrés Ganem
Pablo Ganem
Alonso García
Daniel Goldin
Juanjo Güitrón
Alejandro Magallanes

Maquillaje de alimentos:
Fabiola Fuentes

D.R. ©, 2010 Editorial Océano S.L.
Milanesat 21-23
Edificio Océano
08017 Barcelona, España
www.oceano.com

D.R. ©, 2010 Editorial Océano de México, S.A. de C.V.
Blvd. Manuel Ávila Camacho 76, 10º piso
Col. Lomas de Chapultepec, Del. Miguel Hidalgo
Código Postal 11000, México, D.F.
www.oceano.mx

PRIMERA EDICIÓN 2010 / Primera reimpresión 2011

ISBN: 978-84-494-4051-9 (Océano España)
ISBN: 978-607-400-016-0 (Océano México)

HECHO EN MÉXICO / MADE IN MEXICO
IMPRESO EN ESPAÑA / PRINTED IN SPAIN

9002935020411

REPUGNANTE Y NUTRITIVA

RECETARIO ~~ASQUEROSO~~ ¡DELICIOSO!

PARA NIÑOS DE PALADAR AVENTURERO Y ESPÍRITU TEMERARIO

CON LAS RECETAS DE ADRIANA CHALELA
ILUSTRADO Y DISEÑADO POR ALEJANDRO MAGALLANES
FOTOGRAFIADO POR DAVID CHAVOLLA

OCEANO Travesía

ÍNDICE

ADVERTENCIA A LOS PADRES

Si las recetas de este libro le parecen repulsivas, recuerde los quesos podridos y nauseabundos, las vísceras rellenas con sangre, los caracoles de jardín al ajillo, los gusanos de maguey y muchos otros platillos gourmet por los que se pagan fortunas en los restaurantes más refinados del mundo. Pero sobre todo tenga presente que no hay nada más repugnante que comer por obligación alimentos aburridos.

VISITA NUESTRO BLOG

www.repugnanteynutritivaoceanotravesia.blogspot.com

Uhhhm, ¡qué porquería de libro! Esto huele francamente bien.

PRESENTACIÓN

¿Estás harto de comer
siempre lo mismo?

¿Sabías que los científicos
del Instituto Panzacola
de la Universidad
de Zamponia han
comprobado que quienes
disfrutan la comida
aprovechan mejor
las cualidades de los
alimentos?

¿Coincides con el chef
Paladino Sazón cuando
opina que no hay mejor
aderezo para la comida
que la imaginación?

Entonces este libro
es para ti.

Aquí encontrarás
deliciosas recetas que
podrás preparar con tus
amigos y pasarla
de rechupete.

Tus tripas saltarán de
gusto y, tal vez, tus papás
de susto.

No permitas que te digan
que la comida más sana
y nutritiva es el brócoli
hervido y el caldo de pollo
con verduras.

Lee este libro, compártelo
con tus mejores amigos
(y uno que otro enemigo)
y disfrútalo en grande.

¿TIENES SED? ¿SIENTES QUE LOS ALIMENTOS NECESITAN UN EMPUJONCITO?

EN ESTA SECCIÓN APRENDERÁS A PREPARAR

LAS MÁS ASQUEROSAS

BEBIDAS

PARA ACOMPAÑAR DELICIOSAMENTE LOS ALIMENTOS

(Y AYUDAR A GUSANOS Y OTROS BICHOS A RESBALAR POR EL GAZNATE DE TUS COMENSALES)

BABA de GUSANO

Para 4 aves rapaces

Come muuuy despacio, así darás tiempo para que una suculenta capa de moho cubra tu comida, mmm, qué delicia.

Preparación:

1. Prepara la gelatina de acuerdo con las instrucciones del empaque. Una vez que ha cuajado, rállala con un tenedor hasta que se formen escamas. Sirve un poco en cada vaso.

Ahora la segunda parte de la baba:

1. Endulza el agua mineralizada con un poco de azúcar.
2. Exprime el jugo de limas y limones, mezcla y coloca un par de gusanos en cada una.

Utensilios:

Olla con capacidad para 1 litro
Recipiente con capacidad para 1 litro
Cuchara de mango largo
2 tazas
Cuchara cafetera
Exprimidor de cítricos

Ingredientes:

1 caja chica de gelatina de limón
1 taza de agua caliente
1 taza de agua fría
5 limas
5 limones
3 tazas de agua mineralizada
Azúcar morena al gusto

Deslízate al apéndice para ver cómo se prepara una buena dotación de gusanos caseros.

JUGO de

Utensilios:

Ponchera o jarra de plástico transparente
4 vasos de plástico transparente
Cuchara de mango largo para mezclar
Servilletas de papel
Plato hondo
Plato mediano extendido
2 guantes de plástico desechables

Ingredientes:

Colorante vegetal rojo
4 tazas de agua natural
3 limones agrios
2 tazas de jugo de arándano
3 cucharadas de azúcar morena
½ taza de miel de maíz
½ taza de remolacha rallada

Preparación:

1. Lava y desinfecta los guantes usando un desinfectante para verduras.
2. Rellena hasta ¾ partes con el jugo de arándano, remolacha o agua de jamaica. Deja un espacio libre entre el jugo y el nudo, al congelarse ocupará más espacio.
3. Introduce en el congelador, de preferencia colgados para que no pierdan la forma. Deja que endurezcan por completo. Ya están las manos del cadáver.
4. Saca las manos del congelador. Coloca una de ellas en la ponchera con el agua de limón.
5. Pide a un adulto que te ayude a picar en trozos la otra mano y resérvalos, los usarás como hielos.

CADÁVER

Para 4 glotones carroñeros

debajo de cada vaso una servilleta para evitar que se ensucie la mesa.

3. Ya que ha escurrido un poco de sangre a los lados, dale vuelta al vaso de nuevo y sumerge los bordes en la ralladura de remolacha. Deja secar.
4. Presenta en la mesa la ponchera de jugo con la mano de cadáver flotante dentro y los vasos con trozos de la mano que te ayudaron a picar.
5. Sirve un poco de agua en cada vaso y bebe antes de que lleguen los vampiros atraídos por esta pócima tan suculenta.

Para preparar las vasos ensangrentados:

1. En un plato hondo combina la miel y unas gotas de colorante vegetal. Con esta mezcla moja los bordes de cada vaso sumergiéndolos durante unos segundos en el plato.
2. Dale vuelta a los vasos y deja que la sangre chorree. Coloca

Para preparar el agua de limón:

1. Endulza el agua con azúcar morena.
2. Exprime el jugo de limones, mezcla.

Puedes sustituir el arándano con jugo de remolacha o agua de jamaica.
Salta al apéndice para conocer la receta para el agua de jamaica.

Utensilios:

Cuchara
Charola para hielos
Tabla para picar
Cuchillo con filo
Cucharita
Jarra
Cuchara de mango largo

Ingredientes:

2 tomates medianos cortados en trozos
3 pepinos
1 taza de pimiento rojo sin semillas y picado en trozos
3 cucharaditas de jugo de limón
1 cucharadita de azúcar
¼ cucharadita de sal de apio
Agua, la necesaria para formar hielos

Para 4 vampiros

SANGRE FRESCA

Cómo preparar la sangre:

1. Pela el pepino, córtalo en tiras y retírale las semillas con ayuda de la cuchara. Utilízalo para decorar, córtalo en 4 a lo largo (primero a la mitad y luego otra vez a la mitad).
2. Licua los tomates, el jugo de limón, la cucharadita de azúcar y sal. Cuela.
3. Sirve en un vaso con coágulos helados. Decora con una tira de pepino de las que reservaste. Adereza con jugo de limón y, si quieres, salsa picante.

Cómo preparar los coágulos:

1. Rellena los huecos de la charola para hielo con trocitos de pimiento o de tomate machacado. Cubre con agua preparada para hacer hielos transparentes. Congela. Sirve un par en cada vaso.

Ve en el apéndice cómo preparar hielos transparentes.

El que come y canta, loco se levanta

Para 4 intrépidos

MALTEADA PODRIDA

Utensilios:

Tijeras punta roma
Licuadora
4 vasos
Charola para hielos

Ingredientes:

Para el podrido:
12 pasitas negras o güeras
1 raja de canela
Agua purificada

Para la malteada podrida:
4 plátanos pelados
4 tazas de yogurt natural
6 cucharadas de miel de abeja
12 almendras

Modo de preparar los bichos helados:

1. Toma las pasitas y una por una hazles pequeños cortes para formar las alitas de las moscas.
2. Coloca una de estas moscas en cada hueco de la charola para hielos. Rellena con agua preparada para hacer hielos transparentes a través de los cuales podrás ver las moscas heladas.
3. Al derretirse los hielos podrás sentir en la lengua la deliciosa textura de estos insectos hechos en casa.

Modo de preparar la malteada podrida:

1. Licua plátanos, yogurt, almendras y miel.
2. En cada vaso coloca 3 cubitos de bichos helados.
3. Sirve.

Sugerencia para servir:

Decora el vaso con un delicioso racimo de granada china.

Busca la receta para preparar hielos transparentes en el apéndice.

SNOW CAR FLEET

Pipí y Caca

Para 4 bebedores extremos

Utensilios:

Jarra de plástico con capacidad para 2 litros
Cuchara de mango largo para mezclar
Embudo
Un par de guantes desechables

Ingredientes:

Agua purificada
3 tazas de agua de tamarindo
6-8 ciruelas pasa picaditas
Agua natural purificada
4 rebanadas de piña
Azúcar

Forma de preparar la caca:

1. Si consigues el concentrado de tamarindo sólo añade agua y azúcar según las indicaciones del fabricante. Si no, corre al apéndice y mira cómo prepararla tú mismo. Añade al agua los trocitos de ciruela pasa.
2. Lava y desinfecta los guantes desechables.
3. Con ayuda del embudo, rellena la parte de los dedos con el agua de tamarindo ya preparada. Haz un nudo y congela. También puedes hacer hielos extras en la charolita para hielos. ¡Ya está lista la caca!

Ahora la pipí:

1. Licua las rebanadas de piña con un poco de agua. Cuela. Vacía a la jarra. Añade un poquito de azúcar y 6-8 tazas de agua purificada. Mezcla.

¡Sirve con abundantes y apetitosos hielos!

PARA ABRIR EL APETITO

TE PRESENTAMOS ESTA GRAN VARIEDAD DE

BOTANAS

TAMBIÉN LLAMADAS BOQUITAS, APERITIVOS, TAPAS, ANTOJITOS, PASAPALOS, PASABOLAS Y COPETINES

NARIZ MOCOSA

Para 4 intrépidos

Utensilios:

Olla con
capacidad para 1 litro
Cuchara
Tenedor
Machucador de papas
Plato para servir
Tabla para picar

Ingredientes:

2 papas grandes lavadas y cocidas
¼ camote naranja pequeño (batata o papa dulce) lavado y cocido
Mantequilla
Sal y pimienta
Leche
Agua
2 espárragos en salmuera escurridos
1 frasco de salsa mil islas
1 pimiento amarillo (o del color que encuentres)
2 zanahorias ralladas

Preparación:

1. Pela y aplasta las 2 papas y el ¼ de camote para darle un ligero tono rosado. Añade un par de cucharadas de agua o leche para ayudar a ablandar el puré. Salpimienta al gusto. Si no consiguieras el camote, utiliza ½ cucharadita de jugo de remolacha para dar color.
2. Modela una nariz con el puré.
3. Coloca los espárragos sobre la tabla de picar y rállalos a lo largo con el tenedor. Corta a la mitad y acomoda en las fosas nasales de la nariz que preparaste.
4. Decora formando los ojos de pimiento amarillo, cabello con zanahoria rallada y boca y mejillas con aderezo mil islas.

Si tienes los mismos modales que tu perro, te verás obligado a ser igual de obediente.

ESCUPIT

Utensilios:

2 charolas para hielos
Sartén
Cuchara
Cuchillo
Tabla para picar
Platón para servir

Ingredientes:

1 sobre de grenetina sin sabor (7 gramos)
2-3 tazas de consomé de verduras (utiliza el agua en la que hayas cocido algunas verduras, añade un poco de sal)
8-10 hojas de acelga lavadas, desinfectadas, picadas finito
¼ cebolla picada
1 diente de ajo picado
200 gramos de queso para fundir rallado
¼ taza de piñones blancos
Sal al gusto
1 cucharadita de aceite, de olivo de preferencia
Galletas saladas

ÍN DEL TÍO AGUSTÍN

Cocina por 4-5 minutos hasta que la acelga esté suave y se evapore el jugo que haya soltado.

Modo de preparar el escupitín:

1. Hidrata la grenetina en 3-4 cucharadas de agua fría. Deja reposar 5 minutos hasta que esponje.
2. En la sartén sirve una cucharadita de aceite. Deja que se caliente y acitrona ahí cebolla, ajo, piñones y acelgas. Añade una pizca de sal. Cocina por 4-5 minutos hasta que la acelga esté suave y se evapore el jugo que haya soltado.
3. Apaga el fuego. Añade el queso rallado y tapa. Espera a que el queso haya fundido por completo.
4. Una vez esponjada la grenetina derrítela en el microondas durante 25 segundos, o bien a baño María y combina con el consomé.
5. Engrasa las charolitas para hielo. En cada hueco sirve ½ cucharadita de la mezcla de acelga y luego rellena con el consomé. Repite igual para cada huequito hasta terminar la mezcla.
6. Refrigera hasta que cuaje.
7. Saca las charolitas del refrigerador y deja reposar 15 minutos. Con ayuda de una cuchara desmolda cada escupitín.
8. Acomoda unas galletas saladas en el platón de servir, sobre cada una sirve un escupitín.

Evita tocar tu cabello mientras estás a la mesa, algún piojo inoportuno podría saltar a tu plato creyendo que ha sido invitado.

ESPINILLAS con PUS

Utensilios:

Cuchillo con punta filosa
Duya o bolsita de plástico
Tabla de picar
Platón de servir
Pincel delgado
Tijeras de cocina

Ingredientes:

24 tomates cherry
8 cucharadas de mayonesa
Mostaza y catsup, la necesaria
Hojas de lechuga baby lavadas, desinfectadas y picadas finamente
Aderezo italiano al gusto
4 rebanadas de pepino lavado, con todo y cáscara.

Cómo tener espinillas profesionales:

1. Pide la ayuda de un adulto para quitar el omligo a cada tomate con la punta del cuchillo y aplanar la base cortando una fina rebanada.

Para exprimir la pus:

1. Rellena una orilla de la bolsita con la mayonesa. Con las tijeras corta la esquina.
2. Presiona hasta que salga un churrito de mayonesa y copetea cada tomate.
3. Da un toque a la pus con salsa de tomate y mostaza con ayuda del pincel.
4. Decora: la lechuga fileteada es el cabello, una rebanada de pepino a la mitad son los ojos y las alcaparras forman las pupilas.
5. Baña con aderezo italiano.

Para saber qué es una duya corre al apéndice.

OJOS DE

Utensilios:

Cuchillo con punta filosa
Plato para servir
Licuadora
Tabla para picar
Un palillo de madera

Ingredientes:

Un racimo de uva blanca sin semilla (al menos 24 uvas), peladas.
200 grs. de queso suave. Ejemplo: queso crema, ricotta o jocoque seco
3-4 cucharadas de semillas de girasol sin sal (o trocitos de almendra, nuez o cacahuate)
1-2 gotitas de colorante vegetal rojo
2 kiwis lavados y en rebanadas con todo y cáscara

Para el aderezo necesitarás además:

1 taza de kiwi picadito
4-6 cucharadas rasas de azúcar morena (la fruta ácida requiere más, la que está dulce requiere menos)
1 chorrito de jugo de naranja

CAMALEÓN

Forma de preparar los ojos:

1. Pide a un adulto que te ayude con esta parte: con la punta de un cuchillo hay que ahuecar y retirar las semillas de cada uva (del lado donde estaba el tallo).
2. Rellena cada uva con una minúscula bolita de queso, si quieres puedes colocar una semilla de girasol como pupila.
3. Pinta venitas alrededor de las uvas con ayuda del pincel y una gotita de colorante vegetal rojo.
4. Forma la cara cubriendo el plato con la salsa de kiwi.
5. Acomoda los ojos como se ve en la foto.
6. Con un chorrito de jarabe de chocolate delinea la boca.

SANGUI FRI

Utensilios:

Pelador de papas
Platón de servir
Charola para hornear
Toallas de papel
Pincel delgado (para uso únicamente en la cocina)

Para hacer unas sanguijuelas muy oportunistas:

1. Pela las papas. Utiliza el pelador de manera que vayas dando distintas formas a las tiras de papa que van saliendo, unas rectas, otras curvas, unas más delgadas y otras, gordas.
2. Hornéalas a que doren un poco sobre la charola del horno tostador. Deja entibiar.
3. Utlizando el pincel y un poco de pintura vegetal, tiñe unas líneas sobre las tiras para hacerlas más reales.

JUELAS
TAS

Ingredientes:

La piel de 4 papas grandes
Aceite para freír
1 remolacha mediana
2 cucharaditas de aceite de olivo
½ cucharadita de vinagre balsámico
1-2 cucharaditas de azúcar mascabado

4. Prepara la sangre para dar de beber a las sanguijuelas: una vez cocida la remolacha, déjala enfriar, rállala y mézclala con aceite, vinagre y azúcar. Sirve en un platito pequeño al centro del platón de servir.

5. Acomoda las sanguijuelas alrededor y déjalas beber un poco de sangre antes de comértelas.

NOTA:
Aprovecha las papas para preparar la receta de nariz mocosa que encontrarás en esta misma sección.

¿TE ABURRES COMO UNA LECHUGA? ¿LOS VEGETALES TE DEJAN FRITO COMO UN PEPINO? EN ÉSTA SECCIÓN APRENDERÁS A PREPARAR REPUGNANTES

ENSALADAS

PARA DAR GUSTO A LOS COME PLANTAS MÁS EXPERIMENTADOS

DIENTES PODRIDOS

Utensilios:

Plato de servir
Cuchillo
Tabla de picar

Ingredientes:

1 taza de granos de maíz congelados
1 rebanada de mortadela de 1.5 cm.
1 botella de salsa de aderezo de tamarindo será la podredumbre

Modo de hacer la dentadura:

1. Corta la rebanada en dos (semicírculos).
2. Encaja los granos de maíz alrededor del lado curvo de cada mitad; al hacerlo, deja hacia fuera el lado más ancho del grano.
3. Una vez insertados los granos en las dos piezas de jamón, llévalas un momento al congelador.
4. Pela una zanahoria y saca una rebanada delgada y larga para formar la lengua. Colócala sobre una de las arcadas y cubre con la otra a formar la mandíbula.
5. Baña de podredumbre y ¡listo!

Ve en el apéndice una receta para preparar la salsa de tamarindo, en caso de no conseguirlo.

Orejas de Muerto

La sopa debe tomarse con cuchara y nunca con los dedos, pues acabarás hambriento y extenuado.

Utensilios:

Tabla de picar
Plato para servir
Cuchillo con punta filosa
Bolsa de plástico o duya
Hisopo de algodón

Ingredientes:

1 chayote por persona
½ cucharadita de mayonesa
1 toque de mostaza
1 papa mediana cocida
Vegetales al gusto cocidos o crudos para decorar

Forma de preparar las orejas:

1. Cuece los chayotes en un poco de agua hasta que estén suaves. Déjalos enfriar.
2. Pide ayuda a un adulto para delinear y modelar una oreja en la mitad del chayote.
3. Para preparar la cerilla mezcla mayonesa y mostaza. Llena la duya y sirve un churrito de cerilla en el orificio de cada oreja.
4. Acomoda un hisopo de algodón al lado de cada oreja para dar el toque final.
5. Decora formando una cara con ayuda de la papa y los vegetales que tengas a la mano.

Ojos de T-Rex

Utensilios:
Tabla para picar
Cuchillo
Tenedor
Cuchara

Ingredientes:

4 huevos
1 zanahoria rallada
1 calabaza rallada
½ taza de perejil picado
¼ taza de cacahuates naturales picados (sin sal)
4 aceitunas rellenas de pimiento
1 cucharadita de sal
½ taza de jugo de remolacha o espinaca

Procedimiento:

1. En una olla con agua cuece los huevos hasta que estén duros (más o menos 10 minutos a partir de que el agua empieza a hervir).
2. Con ayuda de la cuchara, sácalos y colócalos en un recipiente con agua fría. Déjalos un rato ahí hasta que baje la temperatura.
3. Toma uno por uno y golpéalos ligeramente con el dorso de la cuchara de modo que la cáscara se quiebre, pero no se caiga.
4. Regrésalos a la olla en la que se cocieron. Añade jugo de remolacha o espinaca, integra la sal. Deja hervir a fuego bajo por 30 minutos (aquí es donde los huevos se convierten en ojos con venas rojas o verdes).
5. Mientras están los huevos, mezcla zanahoria, calabaza, perejil, cacahuates y espolvorea un poquito de sal.
6. Cuando los huevos estén listos y fríos, pártelos a lo largo, saca las yemas, bate con la mezcla de verduras y rellena de nuevo.
7. Adorna cada mitad de huevo con media aceituna para terminar de dar forma a los ojos.

PULPOS

Utensilios:

Platón
Molde con capacidad para 2 litros
Cuchara
Tabla para picar
Cuchillo
Cortador pequeño con forma de estrella de mar o bien 1 cuchillo
Rallador

Ingredientes:

6 rebanadas de pepino de más o menos 3x3 cms., sin semilla ni cáscara.
1 carambolo chico en rebanadas medianas. Si no tienes carambolo, corta alguna otra fruta: naranja o mango pueden funcionar, córtalas en forma de estrella de mar
4 rebanadas de piña en almíbar, picada
1 taza de jugo de uva blanca o bien del almíbar de la piña
7 gramos de grenetina
1 gelatina para preparar 1 litro: de mora azul o de limón
½ taza de remolacha rallada
mantequilla para engrasar el molde
½ taza de nuez picada

en SU TINTA

Procedimiento:

1. Unta el molde con un poco de mantequilla, hará más fácil desmoldarla.
2. Prepara el sobre de grenetina de acuerdo con las instrucciones del empaque. Réstale un poco de líquido (a la que se prepara con dos tazas quítale 1/2 taza, de esta forma quedará más firme).
3. Pide ayuda a un adulto para cortar las rebanadas de pepino en forma de pulpos. Con la punta de un cuchillo filoso márcale los ojos.
4. Vierte la mitad de la gelatina de almíbar en el molde y deja cuajar.
5. Una vez cuajada acomoda los pulpos boca abajo (así al darle vuelta a la gelatina quedarán boca arriba), decora con un poco de remolacha rallada y las rebanadas de carambolo. Vierte la segunda parte de la gelatina de almíbar. Refrigera hasta que cuaje por completo.
6. Prepara la caja de gelatina de mora o limón según las instrucciones del empaque.
7. Combina la piña con la nuez y revuelve con la gelatina ya disuelta en agua.
8. Sirve sobre la primera capa y refrigera de nuevo hasta que esté bien firme (al hacerlo debe estar templada, si está caliente derretirá la primera capa).

Algunas moscas esperan ansiosas encontrarse con uno de esos niños que mastican con la boca abierta, les da la oportunidad de hacer una de sus más atrevidas incursiones: el vuelo de la muerte, que consiste en entrar a robar un trozo y salir enteras sin que la lengua las atrape.

SANGRE COAGULADA

Utensilios:

Tijeras de cocina
Recipiente para mezclar
Cuchara grande
Tabla de picar
Cuchillo
Pelador para verduras

Ingredientes:

1 taza de tofu en cubos
1 taza de betabel cocido en cubos
¼ taza de almendras, nueces o piñones tostados
3 cucharadas de aceite de olivo
1 cucharadita de vinagre balsámico
orégano seco al gusto
sal y pimienta al gusto

Preparación:

1. Mezcla tofu y betabel. Ya tienes los coágulos.
2. Añade el resto de los ingredientes y mezcla.

TRIPAS DE CA

Utensilios:

Recipiente para desinfectar la espinaca
Refractario rectangular grande
Plato
Olla
Cuchara o tenedor
Licuadora
Exprimidor de ajos

Ingredientes para el puré:

1 lata de garbanzos
1 diente de ajo
2 cucharadas soperas de aceite de oliva
1 cucharadita de sal
Jugo de 3-4 limones

Ingredientes para las tripas:

Hojas de espinaca
Hojas de perejil

Modo de hacer el puré:

1. Licua la lata de garbanzos, el diente de ajo exprimido, aceite, jugo de limón y sal. Debe quedar espeso.

Modo de hacer las tripas:

1. Enjuaga y desinfecta las hojas de espinaca y las hojas de perejil (por separado) siguiendo las indicaciones del desinfectante para verduras que tengas.
2. Sumérgelas unos minutos en agua caliente para ablandarlas. A esto se le llama escalfar.
3. Prepara el puré, rellena hoja por hoja y forma rollos. Incluye algunos garbanzos enteros dentro de las tripas, así como las hojitas de perejil.
4. Modela las tripas. Con un poco de puré reservado especialmente, forma bolitas y revuélcalas en ajonjolí. Acomódalas en el recto como si acabaran de brotar.
5. Decora con algunos garbanzos enteros y baña todo con un poco de aceite de olivo, vinagre balsámico, hojas de perejil, sal y pimienta.

S DE JARDÍN

4. Agrega el queso ricotta o requesón y remueve un par de minutos más.
5. Añade sal y pimienta a tu gusto.
6. Deja que entibie, muele en el procesador de alimentos y rellena con esta mezcla una duya.

Para servir el plato:

1. Sobre el plato forma figuras utilizando la salsa pesto y una duya.
2. Forma el cuerpo de los babosos también con una duya.
3. Acomoda encima las conchiglie. Da el toque formando las antenas con dos tiritas de germinado de alfalfa.
4. Espolvorea un poco de queso parmesano.

Sugerencias para hacerlos más decorativos: una vez cocidos y secos puedes pintar las conchiglie con un pincel y colorantes vegetales.

Ve al apéndice por la receta de esta suculenta salsa.

NIDOS de TARÁNTULA

Utensilios:

Olla con capacidad para 2 litros de agua
Coladera para pasta

Ingredientes:

2 pimientos verde lavados, sin venitas y partidos en dos
1 paquete de ñoquis
1 taza de queso que forme hebra
1 trozo de cebolla
2 dientes de ajo
Sal al gusto
Agua purificada
½ paquete de fideo chino ligeramente tostado

Preparación:

1. Llena la olla con agua. Añade cebolla, ajo y sal.
2. Una vez que el agua comienza a hervir a borbotones, añade los ñoquis.
3. Una vez que suben a la superficie quiere decir que ya están cocidos. Escúrrelos y sírvelos en un plato hondo con mantequilla y un poquito de sal.
4. Rellena cada mitad de pimiento con 10 a 12 huevecillos.
5. Deshebra un poco de queso encima de cada nido y hornea a que el queso gratine (aproximadamente 5 minutos).
6. Sirve el nido sobre una cama de fideo chino.
7. ¡Cómete los huevecillos de tarántula antes de que nazcan y te coman a ti!

Sesos de pollo

Utensilios:

Olla para cocer la pasta
Recipiente para mezclar los ingredientes
Tenedor, cuchillo y cuchara
Duya o bolsa de plástico

Ingredientes:

4 calabacitas redondas cocidas
2 tazas de pasta cocida: puede ser tornillo o fusili largo
¼ taza de cebolla picada
¼ taza de perejil limpio picado
1 pizca de sal
10 gotas de jugo de limón

Modo de prepararse:

1. Con ayuda de la cuchara, saca el relleno de la calabaza. Pícalo y combínalo con la cebolla, cilantro, sal y pasta cocida. Vuelve a rellenar la calabacita con esta mezcla hasta un poco antes del borde.
2. Pide ayuda a un adulto para rebanar en dos el aguacate y sacar el hueso.
3. Con una cuchara retira la pulpa del aguacate, mézclalo con el jugo de limón y una pizca de sal. Rellena una duya o bolsa de plástico con este puré.
4. Copetea cada calabaza con churritos de aguacate para dar forma a los sesos de pollo.
5. Detalla la cara del pollo con triangulitos de zanahoria como picos.
6. Pide ayuda a un adulto para formar los ojitos haciendo hendiduras con la punta de un cuchillo. Otra forma de hacer los ojos es clavar con una astilla de canela dos trocitos de pimiento.

Corre al apéndice para aprender a hacer una duya.

PIZZA

Utensilios:

Charola para hornear pizza
Tijeras de cocina
Recipiente para mezclar
Cuchara
Cuchillo
Tabla para picar

Ingredientes para la masa:

1 cucharadita de levadura
¾ taza de harina de trigo
1 taza de harina integral de trigo
1/2 camote (papa dulce) cocido
2 cucharaditas de azúcar
3/4 taza de agua caliente

Ingredientes para los gusanos y carroña que los acompaña:

8 plátanos dominicos
¼ taza de almendras picadas
2 manzanas peladas y ralladas
¼ taza de azúcar morena
¼ barra de mantequilla
canela en polvo al gusto
1 ½ taza de requesón o queso cottage

Procedimiento para la masa:

1. Disuelve la levadura con un poco de agua caliente. Deja el recipiente en un lugar tibio hasta que se formen burbujas en la superficie.
2. Combina las harinas, sal y camote.
3. Forma un hueco en el centro de la mezcla de harinas y vierte ahí la levadura. Trabaja con las manos cinco minutos hasta formar una masa suave y manejable.
4. Cubre la masa con un poco de aceite y deja reposar por una hora en un lugar tibio y libre de corrientes de aire. Una vez que ha doblado su tamaño está lista.

GUSANOS

5. Extiéndela con el rodillo y forra con ella el molde para pizza.
6. Cubre con un pliego de papel aluminio y una taza de frijoles crudos; esto evitará que infle dentro del horno.
7. Cocínala por cinco minutos a 180ºC.

Procedimiento para los gusanos y carroña que los acompaña:

1. En una sartén derrite la mantequilla. Mezcla manzana, almendras, azúcar y canela. Cocina a que la manzana se suavice un poco. Deja entibiar. Mezcla con el queso cottage.
2. Cubre el pan con la crema de avellana.
3. Vacía la mezcla de manzana encima.
4. Pela los plátanos y divídelos a la mitad a lo largo. Marca algunas líneas a lo ancho para darle realismo al cuerpo.
5. Forma los ojitos con dos clavos de olor.
6. Acomoda sobre la pizza y deja que se den vuelo con la carroña.

EN ÉSTA SECCIÓN APRENDERÁS A PREPARAR

LOS MÁS REPULSIVOS EMPAREDADOS Y EMPANADAS

DEVÓRALOS PRONTO ANTES DE QUE ELLOS TE PEGUEN UN MORDISCO

Sandwich de vómito

Utensilios:

Plato para servir
Cuchara
Tabla para picar
Cuchillo
Recipiente para mezclar
Cuchillo para untar

Ingredientes:

1 pza. de pan pita
½ taza de jocoque seco
1 taza de lentejas cocidas y escurridas
½ taza de pulpa de naranja picada
¼ taza de cebolla picada finita
¼ taza de zanahoria cocida y picada
1 tomate duro picado finito
Aceite de oliva, sal, pimienta y mostaza al gusto
Aceitunas en rebanadas
1 zanahoria lavada y pelada

Modo de preparar los bichos helados:

1. Tiñe el jocoque seco de amarillo con un poco de mostaza.
2. Combina lentejas, cebolla, jitomate, naranja y zanahoria. Adereza con aceite de olivo, sal y pimienta.
3. Corta cada pieza de pan en cuatro partes. Unta cada lado del pan con el jocoque.
4. Rellena dejando que escurra el nutritivo vómito fuera de la abertura de la boca.
5. Forma la cara del vomitón: ojos con las rebanadas de aceituna y nariz con un triangulito de zanahoria.

Para ser un tira pedos profesional debes alimentarte bien. Come leguminosas en abundancia: frijoles, lentejas, garbanzos, alubias, habas.

Lengua

Utensilios:

Brocha de cocina
Charola de horno
Cuchillo
Tijeras de cocina
Pincel delgado nuevo o que sólo se haya utilizado para cocinar

Ingredientes:

1 paquete de pasta filho
¼ kilo de pechuga de pavo en rebanadas finas
¼ kilo de queso en rebanadas delgadas
Azúcar granulada
Agua de cocimiento de un betabel o pintura vegetal roja
Aderezo al gusto: crema, mayonesa, mostaza
½ barrita de mantequilla derretida

de res

Procedimiento:

1. Saca la pasta del paquete y desdobla los dos primeros dobleces. Divídela en cuatro con las tijeras a formar cuatro tiras iguales, alargadas.
2. Barniza cada capa con la mantequilla.
3. Unta mayonesa y mostaza a tu gusto en cada capa. Acomoda rebanadas de jamón y queso.
4. Apila las capas. Con ayuda de las tijeras redondea dos esquinas de un mismo lado para darle la forma de lengua.
5. Pinta la superficie usando el agua de cocimiento de betabel o bien pintura vegetal roja. Marca la línea del centro a lo largo con el pincel.
6. Espolvorea el azúcar.
7. Hornéala hasta que la pasta esté cocida.

DEDOS MACHUCADOS

Utensilios:

Plato para servir
Cuchillo para untar
Cuchillo con filo
Tabla para picar
Olla
Cuchara
Tijeras de cocina
Pincel

Ingredientes para el podrido:

8 rebanadas de pan integral o multigrano
4 cucharadas de mayonesa
1 punta de cucharita de mostaza
4 hojas de lechuga lavadas y desinfectadas
4 rebanadas de tu queso favorito
1 pimiento verde lavado
4 zanahorias cocidas y peladas
1 pizca de sal
5 cucharadas de aceite vegetal
2 cucharadas de vinagre
1 cucharada de perejil lavado, desinfectado y picado finito
Sal y pimienta al gusto

Para preparar:

1. Tuesta las rebanadas de pan.
2. Unta cada una con mayonesa y mostaza.
3. Pide ayuda para rebanar la zanahoria a lo largo a formar los cinco dedos. Con las tijeras redondea una punta para formar los dedos.
4. Recorta las uñas con trocitos de pimiento verde.
5. Acomoda sobre una rebanada de pan los dedos de zanahoria con todo y uñas. Encima acomoda el queso y las hojas de lechuga. Adereza con un poquito de vinagreta.

Vinagreta:

1. Combina aceite vegetal, vinagre, mostaza, perejil y huevo picado.

EMPANADAS

Utensilios:

Olla pequeña
Cuchara de mango largo
Sartén
Pala de cocina
Tenedor
Brocha de cocina
Tabla de picar
Cuchillo
Rallador de queso
1 plato para servir
Servilletas o papel estraza
Sacapuntas para verdura o bien cortador de espirales

Ingredientes:

Paquete de discos para empanadas
1 taza de queso rallado (que gratine)
1 ½ tazas de verdura cocida y picada: chícharo, papa y zanahoria (o las de tu elección)
1 huevo batido
90 gramos de atún
¼ taza de almendras picadas
3 zanahorias cocidas
½ barra de queso crema
Aceitunas negras y verdes rellenas de pimiento
Aceite de cocina

Preparación del relleno:

1. Acitrona la cebolla en un poco de aceite caliente.
2. Añade las aceitunas, almendras, verdura y atún hasta que se integren bien. Si es necesario incorpora un poquito de agua o caldo. Salpimienta y deja que se consuma todo el líquido.

Procedimiento para hacer las empanadas:

1. Sirve una cucharada de relleno en el centro de cada disco para empanada.

de ojos

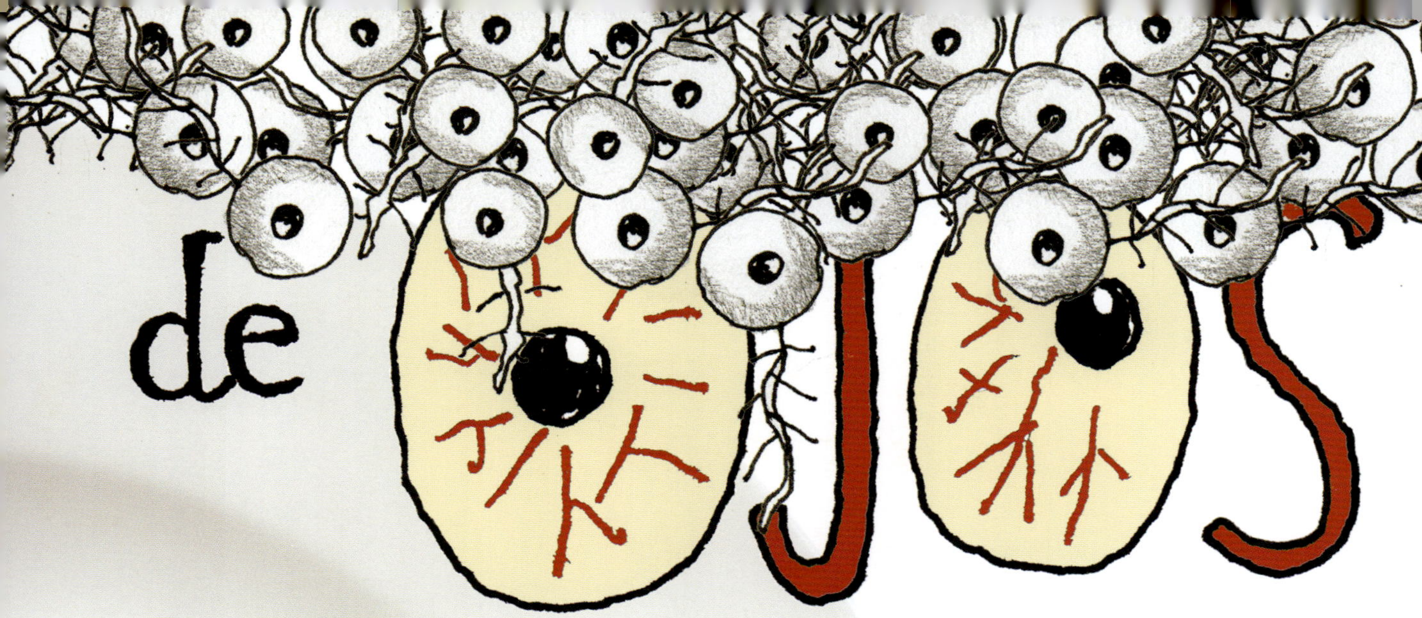

2. Barniza las orillas con el huevo batido.
3. Dobla a la mitad y sella las orillas presionando con un tenedor.
4. Pide ayuda a un adulto para freírlas en una sartén con aceite de cocina.
5. Una vez cocidas por ambos lados colócalas en un plato con papel estraza o servilletas para que absorban el exceso de aceite.

Las espirales:

Házlas con ayuda del sacapuntas o cortador. Puedes utilizar zanahorias, calabacitas japonesas o papas. Las primeras podrían ir crudas, las últimas requerirían freírse después de cortadas.

Ideas para los ojos (se pueden hacer aprovechando distintas verduras)

1. Con rodajas de zanahoria peladas y cocidas cortadas en ruedas medianas. Sobre cada rueda una bolita de queso crema o una rebanada de aceituna.
2. Bolitas de calabaza japonesa, zanahoria o papa cocida con un corte en forma de pupila.

Para servir:

1. Arregla las empanadas y los ojos en un platón grande.
2. Une las empanadas y los ojos con las espirales de verdura.
3. Cuando tus invitados vean este plato de verdad se les irán los ojos.

Paletas de Pelos

Utensilios:

Tabla para picar
Plato para servir
Cuchillo sin filo
6 palillos de madera largos
1 taza
1 lienzo limpio y humedecido con agua de garrafón
1 brocha de cocina
1 rodillo de cocina
1 rallador de verdura

Ingredientes:

8 rebanadas de pan de caja
5 cucharadas de mayonesa
1/4 taza de leche
4 rebanadas del queso de tu preferencia
Mostaza al gusto
1 taza de germinado de alfalfa lavado y desinfectado
1 pepino grande

Primero prepara un poco de fijador para pelo: licua queso, mayonesa y mostaza.

Ahora prepara las paletas:

1. Corta las orillas del pan con el cuchillo.
2. Coloca las rebanadas de pan sobre el lienzo. Barniza las orillas con la leche usando la brocha y únelas presionando con los dedos.
3. Aplana con el rodillo ligeramente barnizado con aceite de cocina.
4. Unta cada rebanada de pan con el fijador que preparaste.
5. Esparce unos mechones de germinado de alfalfa.
6. Enrolla el pan sobre sí mismo a lo ancho. Presiona un poco con ayuda del lienzo (OJO: no lo enrolles con el pan).
7. Corta en rebanadas medianas. Coloca el palillo como palo de paleta. Unta un lado de la paleta con un poco más de crema fijadora y adorna con más pelo.
8. Péinalas de raya al lado o de raya al centro.
9. Sugerencia para llevar a la mesa: corta un extremo del pepino, hazle rallas decorativas con un cortador y forma ojos, nariz y boca con los trocitos de verdura que tengas a la mano. El cabello se hace con más germinado, claro está. Encaja las paletas alrededor para formar la cabellera a este greñudo.

¿ERES MÁS GOLOSO QUE UN OSO?
EN ÉSTA SECCIÓN APRENDERÁS A PREPARAR

LOS MÁS INMUNDOS POSTRES

BOLAS DE LODO

Si te peinas en la mesa, ¿por qué no comes en el baño?

Utensilios:

Taza de medir
Cucharita
Sartén
Pala
Charola
Papel encerado

Ingredientes:

1 paquete de 170 gramos de chispas de chocolate (1 taza)
1/3 taza de mantequilla
16 malvaviscos
½ cucharadita de vainilla
1 taza de coco rallado
5 cucharadas de jarabe de chocolate
2 tazas de hojuelas de avena

Procedimiento:

1. Derrite las chispas de chocolate, la margarina y los malvaviscos. Bate hasta suavizar.
2. Retira del fuego. Añade vainilla, coco y avena. Bate para que se integren los ingredientes. Al final necesitarás ayuda, la mezcla se va endureciendo conforme añades los ingredientes.
3. En una charola cubierta con papel encerado, acomoda cucharaditas.
4. Refrigera. Una vez que han enfriado las bolitas de lodo están listas para servirse. Si quieres puedes decorar el plato con chorritos de jarabe de chocolate.

DEDOS DE NOVIA MUERTA

Utensilios:

1 pasa puré
Recipiente para mezclar
Tabla para picar
Olla mediana
Pincel limpio

Ingredientes:

3 tazas de camote hecho puré
½ a ¾ de taza de leche
1 trocito de mantequilla (1/6 parte de barrita de mantequilla)
½ cucharadita de vainilla
*10 almendras naturales peladas**
Colorante vegetal rojo y azul
12 galletas de chocolate molidas

Modo de preparar los dedos:

1. Cuece el camote. Déjalo enfriar y prepara un puré añadiendo leche, vainilla y azúcar, según sea necesario.
2. Moldea varios dedos. Observa cómo son los tuyos y marca con el palillo las líneas.
3. Divide las almendras en mitades a lo largo.
4. Sécalas y tíñelas con el colorante vegetal. Mezcla una gota de rojo y una de azul para pintar las uñas de morado. Coloca una uña en cada dedo.
5. Decora cada dedo con un anillo que puedes fabricar con aros de dulce o bien con una tirita de papel aluminio.
6. Espolvorea la tierra panteonera (galleta molida) sobre el plato. Sirve los dedos.

* Remójalas en agua caliente por 5-10 minutos para poderlas pelar con facilidad.

LO QUE DEJAN LOS PATOS AL PASAR

Utensilios:

Tazón
Taza medidora
Bolsa de plástico
Rodillo de cocina

Ingredientes:

1 taza de pasas
1 taza de dátiles picados
1/4 taza de miel de abeja
20 biscochos de canela

Procedimiento para la popó de pato:

1. Combina miel, pasas y dátiles en un tazón.
2. Muele las galletas colocándolas dentro de una bolsa de plástico y aplastándolas con un rodillo de cocina.
3. Combina las galletas con la mezcla de miel y frutas.
4. Forma bolitas con la masa. Deja secar un poco en una superficie cubierta con papel encerado.
5. Chorrea sobre el platón un poco de miel y deja que el pato haga el resto.

CORAZONES en ALMÍBAR

Utensilios:

Tabla
Plato para servir
Olla
Cuchara

Ingredientes:

4 peras peladas
2 cucharadas de azúcar morena
4-6 arterias de grenetina
1 trozo de betabel o 1 taza de jamaica o gotas de colorante vegetal rojo
1 raja de canela

Forma de preparar el corazón:

1. En la olla calienta el agua, el azúcar y la raja de canela.
2. Una vez que ha soltado el hervor coloca la flor de jamaica y enseguida las peras dentro. Deja cocinar alrededor de 10 minutos. Para entonces estará ligeramente suave y habrá tomado un color rojizo.
3. Retira las peras y déjalas enfriar. Permite que siga hirviendo el líquido para que se reduzca a la mitad.
4. Pide ayuda a un adulto para hacer algunas perforaciones en la parte superior de la pera usando la punta de un cuchillo filoso.
5. Inserta las tiras de grenetina.
6. Sobre un plato sirve un espejo del agua de cocimiento colada. Acomoda encima el corazón con todo y arterias.

Las arterias se preparan con la misma receta de los gusanos de grenetina que encontrarás en el apéndice. Otra idea es comprar tiras de goma comerciales.

Debes ingerir bien un bocado antes de ir por el otro, así evitarás convertir tu boca en un ring de boxeo (entre bocados).

Utensilios:

Molde para gelatina con capacidad para 2 litros
Taza
Olla con capacidad para 1 litro
Cuchara
Tijeras de punta roma

GELATINA DE CUCARACHAS

Ingredientes para preparar los bichos:

5-6 dátiles
1 taza de almíbar de ciruela pasa o de cualquier otra fruta a tu gusto
½ cucharadita de mantequilla
1 sobre de grenetina natural en polvo (7 gramos)

Ingredientes para la gelatina de yogurt:

1 taza de leche descremada
½ taza de azúcar morena
¾ litro de yogurt natural descremado
2 sobres de grenetina natural en polvo (14 gramos)
½ cucharadita de mantequilla

Modo de preparar los bichos:

1. Disuelve la grenetina de acuerdo con las instrucciones del fabricante y deja que esponje.
2. Pide ayuda a un adulto para preparar las cucarachas. A cada dátil hazle dos pequeños cortes a los lados para formarles las alas y sepáralas un poco. Si es posible haz un pequeño corte en un extremo para retirar el hueso. Coloca las antenas usando astillas de canela que habrás cortado delgadas con ayuda de las tijeras.
3. Derrite la grenetina esponjada ya sea a baño María o bien en el microondas (más o menos 25 segundos).
4. Entibia el almíbar y combina con la grenetina ya disuelta.
5. Unta de mantequilla el molde. Vierte la mitad de la gelatina de almíbar y deja cuajar.
6. Acomoda los bichos boca abajo en el fondo y vierte la otra mitad. De nuevo deja que endurezca.

Modo de preparar la gelatina de yogurt:

1. Entibia la leche con el azúcar. Una vez que se haya disuelto, añade el yogurt (¡no debe hervir!).
2. Aparte, disuelve la grenetina en agua de acuerdo con las instrucciones del fabricante. Cuando esponje, disuélvela a baño María o bien colocándola más o menos 25 segundos en el microondas.
3. Agrega la grenetina disuelta a la mezcla de la leche con yogurt.
4. Vierte sobre la preparación de bichos. Cuidado, debe estar ligeramente tibia, pero no caliente porque entonces derretiría la capa de almíbar con cucarachas.
5. Refrigera hasta que esté firme. Desmolda y cubre con la salsa.

Salsa:

1. Licua una taza de ciruela pasa (o la fruta de tu preferencia) con ¼ taza de azúcar y ¼ taza de jugo de naranja.
2. Cubre la gelatina con ella o resérvala en un tazón para que cada uno se sirva a su antojo.

No juegues con la comida, pero diviértete al prepararla, para eso están estas suculentas recetas.

OJOS LAGAÑOSOS

Ojos que no ven, mordisco que no sienten.

Utensilios:

4 platos
Cuchillo con filo liso
Taza
Cuchara
Pincel muy delgado
Agua de jamaica o 5 gotas de pintura vegetal roja

Ingredientes:

8 lichis lavados y pelados
8 capulines o moras
1 kiwi
4 piezas de ciruela pasa sin hueso
8 piezas de semilla de girasol (sin sal)
¼ barra de queso crema

Procedimiento:

1. Marca un circulo pequeño sobre uno de los lados anchos del lichi. Retira el hueso con cuidado.
2. Saca una rebanada delgada de uno de los lados del capulín o mora. Marca al centro una línea para insertar ahí la semilla de girasol.
3. Acomoda el capulín en el hueco del lichi y la semilla en la ranura del capulín.
4. Decora los ojos con unas líneas usando pincel y jugo de betabel, de jamaica o pintura vegetal.
5. Añade los detalles: rebanadas de ciruela pasa forman unas expresivas cejas; un triángulo de kiwi, la nariz; bolitas de queso con pistache, las nutritivas lagañas.

OJO: ¡Necesitarás ayuda de un adulto para hacer los cortes!

Jugar con los cubiertos es tan ridículo como comer con las raquetas de ping pong.

¡MAMAAA!

APÉNDICE

AGUA DE JAMAICA (BEBIDA: JUGO DE CADÁVER)

Enjuaga una taza de flor de jamaica hasta que el agua salga limpia.

Hierve la flor de 10 a 15 minutos en 3 tazas de agua. Cuela. Añade 3 tazas más de agua endulzada a tu gusto.

AGUA DE TAMARINDO (BEBIDA: PIPÍ Y CACA)

Enjuaga ½ kilo de tamarindo en agua por una hora.

Pela y quita los huesos. Muele la pulpa con agua. Cuela. Añade 3 tazas de agua y endulza a tu gusto.

GUSANOS DE GOMA (BEBIDA: BABA DE GUSANOS)

En un refractario forma una capa de fécula de maíz de 1 ½ cm. de espesor. Con un dedo marca tiras largas. Éste será el molde para hacer las lombrices.

Mezcla tres cucharadas de grenetina en media taza de agua fría y deja reposar durante 5 minutos para que se hidrate.

Calienta 3/4 taza de agua junto con 1 taza de azúcar y 3 cucharadas de miel de maíz. Bate hasta que tome la consistencia de un almíbar. Retira la mezcla del fuego y agrega la grenetina que preparaste. Añade 1 cucharadita de ácido cítrico y unas gotas de colorante. Mezcla bien y deja entibiar.

Vierte la mezcla en cada uno de los huecos en la fécula de maíz. Deja reposar la goma hasta que esté bien dura (aproximadamente 30 minutos).

Coloca los gusanos en una coladera y con ayuda de una brocha retira el exceso de fécula. Déjalos secar en un plato cubierto con una servilleta por alrededor de ocho horas. Vacía los gusanos en un recipiente y rocíalos con agua.

Revuélcalos en azúcar o chile en polvo cuidando que no se peguen entre sí. Déjalos secar nuevamente un par de horas antes de comerlos.

ADEREZO DE TAMARINDO (PODREDUMBRE PARA DIENTES)

Dos tazas de pulpa de tamarindo de frasco o casera (remojar, pelar, cocer y deshuesar el tamarindo) 1 taza de salsa cátsup, 3 rebanadas de piña y 3 cucharadas de miel de abeja. Licua y listo.

MASA PARA EMPANADAS

Mezcla 500 grs. de harina con 1 barrita de mantequilla hasta que quede como pan molido.

Agrega 250 ml. de agua caliente y ¼ cdta. de sal. Trabájala con las manos a que quede tibia y manejable como la que usas para jugar.

Aplana la masa sobre un mantel de plástico. Usando un cortador para empanadas o una taza de boca ancha, forma círculos de masa. Otra manera de hacerlas es formar bolitas y presionarlas con la mano.

SALSA PESTO

Machaca en un mortero 1 diente de ajo con 4 cucharadas de piñones, 1 ramito de perejil y 20 hojas de albahaca.

Bate y añade poco a poco ½ vaso de aceite de oliva más dos o tres cucharadas de agua caliente.

Añade 100 grs. de queso parmesano y 25 gramos de queso de leche de oveja, ambos rallados. Salpimienta al gusto. Mezcla.

CÓMO FABRICAR UNA DUYA CASERA

Puedes hacerla con una bolsa de plástico desechable. Con unas tijeras de cocina limpias, corta una esquina; por ahí saldrán finos chorros de salsa.

EN ÉSTA SECCIÓN APRENDERÁS A RECONOCER LOS MÁS ~~ASQUEROSOS~~ ¡SABROSOS! INGREDIENTES

betabel

Si comes betabel
glóbulos blancos
y glóbulos rojos
formará en tu cuerpo.
No te asustes
si al día
siguiente
tu caca es roja
como el clavel.

aguacate

camote

manzana

pepino

fresa

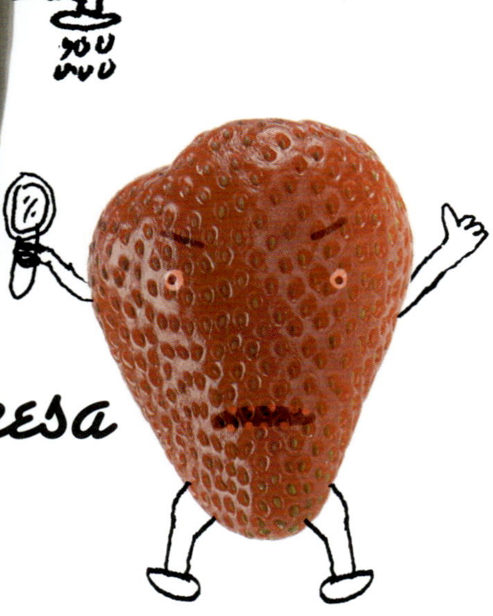

jitomates

brócoli

cebolla

calabaza

Chorros de agua, fibra sin igual,
cómela cruda y ligera será,
cuécela un poco y te convertirá
en un tira pedos profesional.

aceituna

pera

Tengo agua, fibra y pectina.
Soy buena para digerir y no
huelo a medicina.

naranja

garbanzo

pimiento

piña

¿Qué tiene mi niña que anda tapada? Dale dulce piña y quedará aliviada.

limón

chícharo

Cualquiera que te vea comerla puede tacharte de loco, aunque minerales tenga, la verdad parece moco.

Si quieres estar saludable come muy pocas de estas, están bien para la fiestas, pero te dejan como inflable.

Para viajar al espacio debes estar alerta. Necesitarás potasio, busca un plátano en la huerta.

PROPIEDADES NUTRICIONALES DE LOS INGREDIENTES

ACEITUNAS. Contienen todos los aminoácidos esenciales, gran cantidad de vitaminas y minerales.

ACELGAS. Ayudan al tratamiento de la anemia, ayudan a eliminar toxinas.

AGUACATE. Es bueno para el corazón. Tiene 10 vitaminas, entre las que destaca la vitamina E, por lo que previene enfermedades cardiovasculares y degenerativas.

AJO. Ayuda a eliminar bacterias nocivas, acción diurética, alivia congestiones.

ARÁNDANOS. Súper fruta: combate bacterias dañinas, refuerza defensas, aumenta agudeza visual, protege dientes, fortalece colágeno.

BETABEL. Ayuda en la producción de glóbulos blancos y rojos contra enfermedades cardíacas y anemia.

BRÓCOLI. Hortaliza con mayor valor comestible por unidad de peso de producto comestible. Aporta vitaminas, minerales y fibra. Evita el envejecimiento de tejidos y previene la formación de células anormales.

CALABAZA. Grandes cantidades de agua y fibra.

CAMOTE. Rico en fibra, beta caroteno (provitamina A) y lleno de energía por su contenido de carbohidratos, este alimento puede ser usado para reponer la energía perdida durante las horas de juego.

CAPULÍN. Propiedades antibacterianas.

CEBOLLA. Ayuda a remineralizar el organismo y a eliminar toxinas. Gran poder bactericida. Fortalece el cabello y conserva la calidad de la piel. Limpia las arterias de colesterol.

CHAYOTE. Antioxidantes, vitamina C, ayuda a hacer pis.

CHÍCHARO. Ricos en proteínas.

CIRUELA PASA. Laxante. Efectivo para combatir bacterias en la boca.

COCO. La grasa es el componente principal después del agua. Contiene grandes cantidades de sales minerales y potasio que ayudan a fortalecer los huesos. Gran cantidad de fibra que favorece al aparato digestivo.

ELOTE. Ideal para los niños por su gran valor energético, evita el estreñimiento.

FRESA. Buena fuente de vitamina C, ácido cítrico y minerales

FRIJOLES. Uno de los alimentos más ricos que existen. Contiene carbohidratos, por lo que es una buena fuente de energía. También contiene proteínas, que ayudan a desarrollar tus músculos, y vitaminas y minerales que te fortalecen.

GARBANZO. Leguminosa con alto contenido de fibra que ayuda a combatir el estreñimiento. Evita anemia, bueno durante la etapa de crecimiento por su alto contenido de hidratos de carbono. Alto contenido de magnesio, ayuda a combatir el estrés.

GELATINA. Contiene aminoácidos esenciales que ayudan a regenerar el tejiido muscular. También contiene colágeno, que forma parte de los huesos, cartílagos y ligamentos.

GRANADA. Alivia algunas molestias estomacales. Disminuye problemas causados por el paludismo y la fiebre amarilla.

HUEVO. Con su forma de ojo, el huevo vigila el cumplimiento de funciones muy importantes en el organismo. Rico en proteínas, vitaminas y minerales, por si fuera poco, es fácil de digerir. Especialmente bueno en la alimentación de los niños (proteínas).

JAMAICA. Antiparasitaria, diurética, ligeramente laxante. Ayuda al proceso digestivo. Ayuda al proceso renal. Controla el grado del colesterol.

LIMA Y LIMÓN. Eliminan toxinas, fortalecen el sistema inmunológico, ayudan a aprovechar el calcio.

LENTEJAS. Contienen una buena cantidad de fibra, que facilita procesos gastrointestinales y evita el estreñimiento. Son ricas en proteínas de carácter vegetal, hidratos de carbono, fibra, minerales y vitaminas.

MANZANA. Hidratante por su alto contenido de agua. Rica en fibra y potasio.

MELÓN. Minerales que regulan el reparto de agua y ayudan en la transmisión de impulsos nerviosos a los músculos.

MORAS. Ricas en vitaminas y minerales, ayudan al metabolismo. Muy ricas en vitamina C.

MORTADELA. Contiene grasas, que aportan energía, y proteínas, que trabajan en en la formación y renovación de tejidos. Minerales, que regulan el metabolismo y los impulsos nerviosos.

NARANJA. Alto contenido de vitamina C. Muy abundante en sales minerales. Buen microbicida y desinfectante debido a su grado de acidez.

NUECES. Fruto seco súper nutritivo y energético, con alto contenido de grasas benéficas como la lecitina.

PAN. Carbohidratos. Fibra, vitaminas, minerales y proteínas.

PAPA. Tiene la mitad de la dosis de vitamina C que uno debe tomar al día; tiene hierro, zinc, vitamina B y buena calidad de proteínas.

PAPA, CÁSCARA. La papa tiene vitamina C, hierro, zinc, vitamina B y buena calidad de proteínas. Pero ¡aguas! La mayoría de estos nutrimentos se encuentran en la cáscara, de modo que conviene aprender a comerla completita.

PASITAS. Contienen potasio, calcio, hierro, provitamina A y niacina. Alto contenido de fibra que ayuda al tránsito intestinal. Ayudan a la visión, el buen estado de la piel y el funcionamiento del sistema inmunológico.

PASTA. Aporta energía.

PEPINO. Aporta agua, fibra y pequeñas cantidades de vitaminas. Su piel contiene beta caroteno, por eso es mejor comerlo con todo y cáscara.

PERA. Azúcares, fibra, vitaminas y minerales. Rica en pectina, fibra que ayuda en la digestión y a eliminar el colesterol (grasa mala).

PIMIENTO. Agua, hidratos de carbono, provitamina A, folatos (formación de glóbulos rojos y blancos) y vitamina E. Importante fuente de antioxidantes (sustancias que cuidan la salud).

PIÑA. Alta en fibra, previene estreñimiento.

PIÑONES. Alto contenido de fibra, proteínas y minerales.

PLÁTANO. Da energía, tónico para el buen estado de ánimo por su vitamina B6, permite estar alerta al estudiar por su alto contenido de potasio.

QUESO. Calorías, grasa, vitaminas. Muy rico en calcio y fósforo, que ayudan a la formación y crecimiento de los huesos.

REQUESÓN. Es una fuente importante de proteínas de alto valor biológico y pocas grasas. Aporta calcio, potasio, fósforo, vitamina A y del complejo B, ingredientes esenciales para el correcto funcionamiento neuromuscular.

TAMARINDO. Su aporte de vitaminas y minerales es muy valioso para el organismo, pues su contenido en calcio, potasio, fósforo, vitamina A y del complejo B, son ingredientes esenciales para el correcto funcionamiento neuromuscular.

TOFU. Se le conoce también como carne de campo. Rico en proteínas; contiene más calcio y minerales que la carne roja.

TOMATE. Forma huesos fuertes. Calma la sed.

UVAS. Si te hace falta un chispazo de energía, las uvas son la mejor opción. Contienen agua, vitaminas, minerales y fibra. Fortalecen la circulación y purifican la sangre.

ZANAHORIA. Grandes cantidades de carbohidratos, por lo cual evitan el cansancio y regulan el metabolismo. Vitaminas y minerales para un correcto crecimiento de huesos y dientes, así como para regular la acción neuronal.

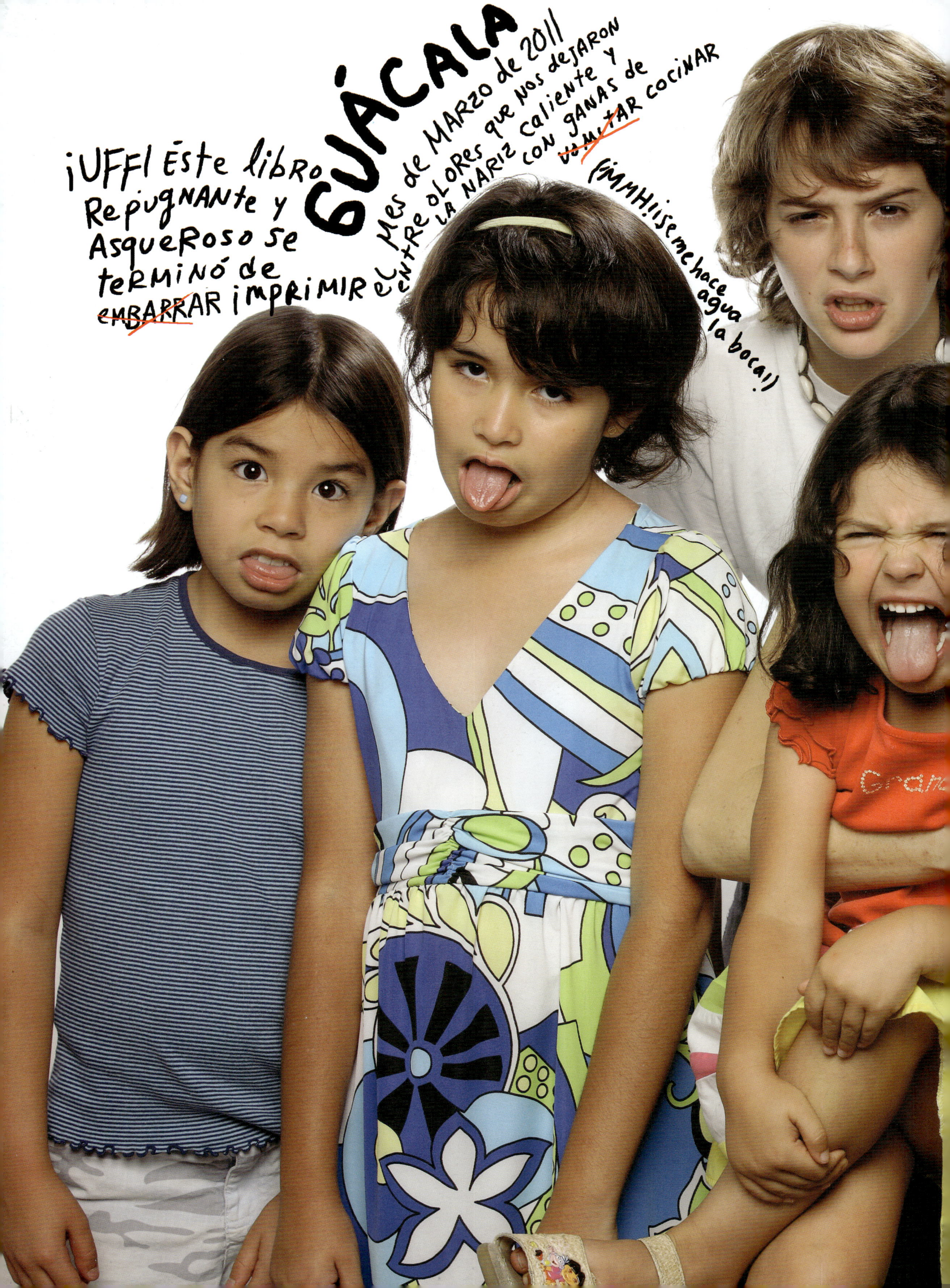

GUÁCALA

¡UFF! Este libro Repugnante y Asqueroso se terminó de ~~embarrar~~ imprimir el Mes de Marzo de 2011 entre olores que nos dejaron la nariz caliente y con ganas de ~~vomitar~~ cocinar

(¡MMH!¡se me hace agua la boca!)